गगन गिल

सन् 1983 में 'एक दिन लौटेगी लड़की' कविता शृंखला के प्रकाशित होते ही गगन गिल (जन्म : 1959, नई दिल्ली; शिक्षा : एम.ए. अंग्रेजी साहित्य) की कविताओं ने तत्कालीन सुधीजनों का ध्यान आकर्षित किया था। तब से अब तक उनकी रचनाशीलता देश-विदेश के हिन्दी साहित्य के अध्येताओं, पाठकों और आलोचकों के विमर्श का हिस्सा रही है।

लगभग 35 वर्ष लम्बी इस रचना यात्रा की नौ कृतियाँ हैं—पाँच कविता-संग्रह : 'एक दिन लौटेगी लड़की' (1989), 'अँधेरे में बुद्ध' (1996), 'यह आकांक्षा समय नहीं' (1998), 'थपक थपक दिल थपक थपक' (2003), 'मैं जब तक आयी बाहर' (2018); एवं चार गद्य पुस्तकें : 'दिल्ली में उनींदे' (2000), 'अवाक्' (2008), 'देह की मुँडेर पर' (2018), 'इत्यादि' (2018)। 'अवाक्' की गणना बीबीसी सर्वेक्षण के श्रेष्ठ हिन्दी यात्रा-वृत्तान्तों में की गई है।

सन् 1989-93 में 'टाइम्स ऑफ़ इंडिया समूह' व 'संडे ऑब्जर्वर' में एक दशक से कुछ अधिक समय तक साहित्य सम्पादन करने के बाद सन् 1992-93 में हार्वर्ड यूनिवर्सिटी, अमेरिका में पत्रकारिता की नीमेन फैलो। देश वापसी पर पूर्णकालिक लेखन।

सन् 1990 में अमेरिका के सुप्रसिद्ध आयोवा इंटरनेशनल राइटिंग प्रोग्राम में भारत से आमंत्रित लेखक। सन् 2000 में गोएटे इंस्टीट्यूट, जर्मनी व सन् 2005 में पोएट्री ट्रांसलेशन सेंटर, लन्दन यूनिवर्सिटी के निमंत्रण पर जर्मनी व इंग्लैंड के कई शहरों में कविता पाठ। भारतीय प्रतिनिधि लेखक मंडल के सदस्य के नाते चीन, फ्रांस, इंग्लैंड, मॉरिशस, जर्मनी आदि देशों की एकाधिक यात्राओं के अलावा मेक्सिको, ऑस्ट्रिया, इटली, तुर्की, बुल्गारिया, तिब्बत, कम्बोडिया, लाओस, इंडोनेशिया की यात्राएँ।

'भारतभूषण अग्रवाल पुरस्कार' (1984), 'संस्कृति सम्मान' (1989), 'केदार सम्मान' (2000), 'हिन्दी अकादमी साहित्यकार सम्मान' (2008), 'द्विजदेव सम्मान' (2010), 'अमर उजाला शब्द सम्मान' (2018) से सम्मानित।

ई-मेल : gagangill791@hotmail.com

तेजस्विनी

अक्का महादेवी के वचन

पुरोवाक्

समदोंग रिनपोछे

भाव रूपांतरण

गगन गिल

राजकमल पेपरबैक्स

राजकमल पेपरबैक्स में
पहला संस्करण : 2023

© गगन गिल

राजकमल पेपरबैक्स : उत्कृष्ट साहित्य के जनसुलभ संस्करण

राजकमल प्रकाशन प्रा.लि.
1-बी, नेताजी सुभाष मार्ग, दरियागंज
नई दिल्ली-110 002
द्वारा प्रकाशित

शाखाएँ : अशोक राजपथ, साइंस कॉलेज के सामने, पटना-800 006
पहली मंजिल, दरबारी बिल्डिंग, महात्मा गांधी मार्ग, प्रयागराज-211 001
वेबसाइट : www.rajkamalprakashan.com
ई-मेल : info@rajkamalprakashan.com

यश प्रिंटोग्राफिक्स
नोएडा-201 301 (उत्तर प्रदेश)
द्वारा मुद्रित

मूल्य : ₹250

TEJASVINI : AKKA MAHADEVI KE VACHAN
Translated by Gagan Gill

ISBN : 978-81-19028-63-4

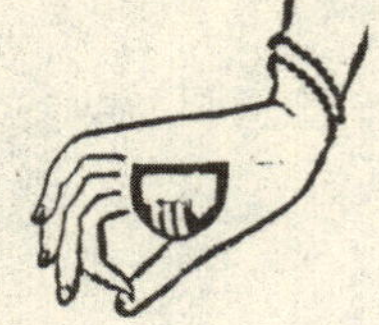

पुरोवाक्

भारतवर्ष अनादिकाल से ही एक विशिष्ट आध्यात्मिक क्षेत्र रहा है। विभिन्न धर्मों एवं दर्शनों के उदय एवं विकास के साथ ही अपनी-अपनी परम्परा तथा विधि-विधान के अनुसार परम तत्त्व की प्राप्ति हेतु साधना करने वालों की संख्या अनगिनत रही है। साधन एवं मार्ग की दृष्टि से विभिन्नता रहने पर भी साध्य एवं चर्या की दृष्टि से समरसता भी बनी रहती थी। विविधता में एकता की उक्ति इस देश के यथार्थ से उत्पन्न हुई है।

सामान्यतः सभी मार्गों को ज्ञानप्रधान तथा भक्तिप्रधान दो वर्गों में विभाजित किया जा सकता है। बौद्ध पारिभाषिक शब्दों में ये धर्मानुयायी एवं श्रद्धा अनुयायी कहलाते हैं। दोनों की मूल साधना के स्वरूप में विशेष अन्तर न होने पर भी उनके आचरण में पर्याप्त भिन्नता दृष्टगोचर होती है। ज्ञान प्रधान साधक अपनी साधना के अंश स्वरूप अध्ययन-अध्यापन, शास्त्रों की रचना, जप, यज्ञ आदि कर्मकांड की प्रक्रिया करते रहते हैं और शिष्य समूह को प्रवचन, उपदेश तथा सामाजिक सेवा या सुधार के काम में भी योगदान देते रहते हैं। जो भक्तिप्रधान साधक हैं, वह सामाजिक सम्बन्धों एवं रीति-रिवाजों पर ध्यान नहीं देते हैं।

वे पूर्णरूपेण अपनी साधना के रस में आनन्दित रहते हैं। ऐसे साधकों में भी कुछ मार्गगामी होते हैं और कुछ लक्ष्य को प्राप्त कर चुके सिद्ध होते हैं। क्योंकि इन दोनों के वचनों से इनकी आन्तरिक परिस्थितियाँ परिलक्षित होती रहती हैं, ऐसे सिद्धों एवं साधकों के वचन आध्यात्मिक दृष्टि से अत्यन्त महत्त्वपूर्ण होने के साथ-साथ समाज के लिए भी लाभदायक एवं अनुसरणीय रहते हैं। परन्तु अधिकांश ऐसे सिद्धों एवं साधकों के वचन लिपिबद्ध नहीं हो पाते हैं। उनकी जीवन लीला के साथ उनके वचन भी विलुप्त हो जाते हैं। फिर भी अनेक सिद्धों एवं साधकों के वचनों का लिखित रूप में संरक्षण हुआ है, जो आज इस देश के ज्ञान साहित्य को समृद्ध कर रहा है।

बौद्ध परम्परा में चौरासी सिद्धों का वर्णन उपलब्ध है, जिनके वचन दोहा के नाम से संकलित हैं और सिद्ध साहित्य के अन्तर्गत जाने जाते हैं। ऐसे महापुरुषों की उक्तियाँ अधिकांश अपने आराध्य या इष्टदेव की स्तुति अथवा प्रार्थना के रूप में, कुछ अपनी आन्तरिक अनुभूति की अभिव्यक्ति के रूप में, कुछ परम तत्त्व की व्याख्या के रूप में या विनेयजन को उपदेश के रूप में रहती हैं। इसलिए ऐसे वचन दीर्घकाल से दिक् एवं काल के बन्धन से मुक्त होकर प्रत्येक कालखंड एवं परिस्थिति में प्रासंगिक रहते हैं, यदि पाठक उन वचनों के अर्थ को थोड़ा-बहुत समझने की क्षमता रखते हैं।

बारहवीं सदी के मध्य में जन्मी अक्का महादेवी एक ऐसी भक्त थीं, जिन्होंने अपना सम्पूर्ण जीवन निस्संकोच भक्तिमार्ग में समर्पित कर दिया था। अपने अल्प जीवन में कठोरतम तपस्या के माध्यम से वह मल्लिकार्जुन को प्राप्त कर उसमें समरस हो गई थीं। उनके अत्यन्त गम्भीर एवं महत्त्वपूर्ण वचन, जो मूलरूप में कन्नड़ भाषा में थे, जिनका हिन्दी में रूपान्तरण प्रसिद्ध कवयित्री, विदुषी, श्रीमती गगन गिल ने हिन्दी में 'तेजस्विनी-

अक्का महादेवी के वचन' शीर्षक से प्रस्तुत किया है, पाठकों के लिए अत्यन्त उपयोगी एवं लाभदायक होगा। वह साधुवाद की पात्र हैं। अक्का महादेवी की जीवन शैली एवं आचरण सामान्य लोगों की समझ में न आना स्वाभाविक है। परन्तु एक साधक की दृष्टि से देखा जाए तो वे सहज एवं अकृत्रिम जीवन का एक परम आदर्श थीं, जहाँ किसी भी प्रकार की कृत्रिमता के लिए कोई स्थान नहीं रह गया था।

इन वचनों को पढ़ते समय दो वचनों पर मेरा ध्यान स्थिर हुआ। पहला वचन (संख्या 56)—

प्राण ने जब रूप धरा तेरा,
पूजा करूँ मैं किसकी?

जब ज्ञान समा गया सब तुझ में,
किस को मैं बूझूँ?

इत्यादि।

और दूसरा वचन (संख्या 85)—

शून्य को लिंग कहूँ क्या?
चीर देने से
बचेगा कुछ नहीं
पहाड़ को लिंग कहूँ क्या?
चढ़कर खड़े होने से
बचेगा कुछ नहीं

इत्यादि।

इनसे मुझे ऐसी अनुभूति हुई कि ये साधिका अपने साध्य में विलीन होकर अद्वैत के रूप में समरस हो चुकी हैं।

मुझे विश्वास है कि इन वचनों से साहित्य प्रेमियों का अद्‌भुत रसास्वादन होगा और आध्यात्मिक जिज्ञासुओं को उत्कृष्ट उपदेश एवं मार्गदर्शन प्राप्त होगा।

11 फरवरी, 2023 **—समदोंग रिनपोछे**

कोई-कोई उपस्थिति आपकी राह रोक लेती है। देश-काल के सब बंधन तोड़ कर आपके सामने आ जाती है। वह भक्त हो, कवि हो, मर्म भेदती उसकी कोई पंक्ति आप में ठुकी हो, ऐसा हो नहीं सकता कि आप ठहरें नहीं, उसे सुनें नहीं।

लगभग पैंतीस साल पहले कभी उन्हें पहली बार पढ़ा था। अक्का महादेवी को। ए. के. रामानुजन के अनुवादों में।

आज भी वह रास्ता भुला देती हैं। उनकी आवाज़ सुनते-सुनते आप कीलित-से उनके पीछे चलते चले जाते हैं, अदृश्य जंगल के सन्नाटे में। जैसे वह अभी भी अपने महादेव से बात कर रही हों।

अक्का महादेवी कवि नहीं थीं, उन्होंने हमारे-आपके लिए कविताएँ नहीं लिखी थीं। भक्ति करती हुईं वह देश और काल को पार कर गई थीं। आज यह आप हैं, और मैं, जो उन्हें कवि कहते हैं। ऐसे काँटे में से बिंध कर कोई बात आती हो, तो वह कविता हुई न।

वे संत लोग थे, वचन कहते थे, सत्य वचन।

उनकी वाणी वचन ही कहलाती है—वचन साहित्य।

❀

बारहवीं सदी के तीसरे दशक में, सन् 1130 के आसपास कभी उनका जन्म हुआ था, दक्षिण भारत, कर्नाटक के शिवमोगा जिले के एक गाँव उदूतड़ी में। शिव-भक्त माता-पिता के घर में। शिव उनके लिए एक जीती-जागती प्राण सत्ता थे, शिव से जुड़ी पौराणिक कथाएँ उनकी नसों में दौड़ता अनुभव।

उन्हीं में से एक कथा थी, अर्जुन द्वारा अनजाने में शिव को फूलों से ढँक देने की। जिनसे वरदान माँगने के लिए वह हिमालय में तपस्या कर रहे थे, उन्हीं से अनजाने में युद्ध किया था। जितना वह शिव पर बाण चलाते, देवी बाणों को मल्लिका (चमेली) के फूलों में बदल देतीं। अर्जुन ने महादेव पर इतने बाण चलाए कि महादेव फूलों से ढँक गए और तब भी नहीं हारे। अन्तत: इसी रूप में उन्होंने अर्जुन को दर्शन दिए।

तब से शिव का एक नाम यह हुआ, अर्जुन की मल्लिका वाले, मल्लिकार्जुन!

महादेवी उन्हें इसी रूप में ध्याती थीं, सफ़ेद फूलों से ढँके शिव को।

नाम उनका संयोग से महादेवी था। कब वह महादेव की महादेवी हो गईं, हम कल्पना ही कर सकते हैं।

❀

परम्परा कहती है, वह अनन्य सुन्दरी थीं।

सम्भव है, यह बात उनकी कठिन नियति को देखकर कही जाती हो।

मनुष्य सुन्दरता सहन करने के लिए नहीं बने। सुन्दरता उनमें सदा से हिंसा जगाती आई है। तिस पर एक स्त्री की सुन्दरता, भक्त मन वाला उसका आलोक, उसकी आभा, उसकी तन्मयता!

सुन्दरी महादेवी को कभी न कभी वेध्य होना ही था। वह बारहवीं सदी की जगह इक्कीसवीं सदी में रही होतीं, तब भी उन्हें इस नियति से कोई बचा नहीं सकता था।

लेकिन उन्हें किसी दूसरे ने नहीं वेधा। यह उपक्रम उन्होंने स्वयं ही किया।

कब वह पहले-पहल स्त्री देह के वस्त्र से मुक्त हुईं, फिर काया के भीतर के मल-मूत्र से, कब वह मात्र आलोक खोजता केवल एक भक्त-मन रह गईं—उनकी जीवन-यात्रा सहज ही हमें सदियों से रोमांचित करती आ रही है, लगभग विमूढ़ और अवाक् करती।

ऐसा नहीं कि उनके छोटे-से, अट्ठाईस-तीस साल के, जीवन में उन्हें वेधने के प्रयास न हुए होंगे।

उनकी कविताओं में पुरुष-व्यवहार की कुरूपता के, छेड़खानी के वर्णन हैं (ओ भाई, तुम उसका यौवन, उसके गोल स्तन देख उसके पीछे आ गए हो) से लेकर ज़ोर-ज़बरदस्ती तक के विवरण (किसे परवाह है, कौन सोता है उस स्त्री के साथ, जिसे तुमने छोड़ दिया)।

अक्का महादेवी ने अपनी सुन्दरता का स्वयं वध किया, भक्ति में देह का अतिक्रमण। उन्होंने पंच तत्वों के खेल को समझा। साकार से प्रेम किया और निराकार में लीन हुईं। पूर्ण-तत्व को उन्होंने पा लिया था, साध लिया था, इसके पर्याप्त संकेत उनके वचनों में हमें मिलते हैं।

✿

ये जो उनके वचन हमें आज व्याकुल कर देते हैं, ये उनके बोल, जो उन्होंने कभी लिखे नहीं थे, सुधारे या काटे-छाँटे नहीं थे। न ये कविताएँ थीं, न छंद। एक भक्त स्त्री के दिल की अग्नि ने इन्हें तपाया था, इन स्ववचनों को, एकालापों को।

कब ये वचन उनके दिल के एकान्त से निकलकर सुनने वालों के दिलों में धड़कने लगे, मूल कन्नड़ भाषा में ही नहीं, पड़ोस के मलयाली व तेलुगु भाषाई दिलों में भी, कौन कह सकता है?

कर्नाटक में आप हों, तो ऐसा हो नहीं सकता कि उनकी सैकड़ों साल पहले कही कोई उक्ति, कोई वचन बातचीत में आ न जाए। उनके वचन आज भी कन्नड़ कवियों के लिए कसौटी हैं, लगभग वैसे ही, जैसे रवीन्द्रनाथ बांग्ला कवियों के लिए।

एक ही बिम्ब से शुरू हुए उनके वचन कई-कई रूपों में मिलते हैं। कहाँ वह वचन प्रक्षिप्त हुआ होगा, पहचानना कठिन नहीं। जिस तप-अग्नि में से वे वचन निकले थे, उनमें मिलावट करना आसान नहीं।

✿

कुछ बरस पहले की घटना है।

मैं केरल की एक लोकल ट्रेन में यात्रा कर रही थी। घने हरे वृक्षों के बीच से हमारी ट्रेन जा रही थी और डिब्बे के सन्नाटे में एक अन्धी भिखारिन का गान गूँज रहा था। शब्द क्या हैं, कुछ मालूम न था, मगर पुकार ऐसी कि सब के भीतर जैसे कुछ दरकने लगा था।

साथ बैठे यात्री से मैंने पूछा, यह स्त्री क्या गा रही है?

मलयाली भाषी सज्जन बोले, अक्का महादेवी!

'तुमने मुझे कंठ दिया, तुम्हारे गुण गाऊँगी'...

कोई सोच सकता था, आठ सौ साल पहले अक्का भी ऐसे ही गाते-गाते, अपने से बातें करते हुए, इस देश में गुज़री होंगी?

(भेजो मुझे दर-दर हाथ फैलाए भीख माँगने को...)

(भूख के लिए गाँव का अन्न, प्यास के लिए नदी, कुएँ, सोने के लिए खंडहर, और संग के लिए तुम, मल्लिकार्जुन!)

❀

कभी-कभी ऐसा संक्रमण समय अवश्य आता है, काल-प्रवाह में, देश-काल में, जब कई सारे दिलों में एक जैसी बेचैनी, उथल-पुथल शुरू हो जाती है।

बारहवीं सदी के उत्तरी भारत में तुर्की लुटेरों की मारकाट मची थी और दक्षिण भारत में ब्राह्मणों के वर्चस्व और दुर्व्यवहार से क्षुब्ध प्रजा अपनी आस्था के लिए कोई नया मार्ग ढूँढ़ रही थी।

इस विरोध की शुरुआत भक्त बासवन्ना ने की थी, अपना यज्ञोपवीत तोड़ कर। वह स्वयं एक कुलीन ब्राह्मण थे, स्थानीय राजा के कोषाध्यक्ष। उन्होंने व्यक्तिगत इष्टदेव का ऐसा आन्दोलन चलाया, कि अनुयाइयों ने मन्दिर में ब्राह्मणों से तिरस्कार सहने की जगह शिवलिंग के छोटे-छोटे प्रतीक कंठ में पहन लिये। जब भी इनकी भावना होती, ये भक्त गले में से उतार कर, शिवलिंग हथेली पर रख कर पूजा कर लेते।

शिव इनके अन्तरंग हो गए थे। वेद-उपनिषद काल से पूर्व के रुद्र महादेव। महादेवी के वचनों में इन्हीं आदिशिव से आत्मीय

साक्षात्कार के वर्णन हैं।

जाति-व्यवस्था का विरोध करने के कारण ये भक्त ब्राह्मणों के घोर हिंसक प्रहार सहते रहे। क्योंकि वीरता से सब सहन करते थे, इस कारण इनका नाम पड़ा, वीरशैव!

आज जो वीरशैव संतों के चित्र हमें देखने को मिलते हैं, सब के कंठ में शिवलिंग का लटकन बँधा है, उनकी हथेली पर भी रखा है।

उनका मन्दिर उनके पास, उनका देवता उनके पास।

बासवन्ना की अगुवाई में यह लिंगायत समुदाय बना था, इनकी सत्संग सभा का नाम था अनुभव-मंडप। नाम से ही स्पष्ट है, इस सभा में ईश्वर का आन्तरिक अनुभव ही सर्वश्रेष्ठ, सर्वमान्य था।

उस समय के महान तत्वज्ञानी अल्लामा इस बैठक के प्रभु थे, अध्यक्ष। धीरे-धीरे यही नाम उनका प्रसिद्ध हो गया—अल्लामा प्रभु। उनके रहस्यवादी अनुभवों का मार्मिक वृत्तांत उनके वचनों में पढ़ते बनता है। उन्हें एक गुफ़ा में अपलक झपकाए समाधिलीन महादेव के कभी दर्शन हुए थे। उनके समस्त वचन गुफाओं के स्वामी, गुहेश्वर, को सम्बोधित हैं, जैसे महादेवी के वचन चमेली के सफ़ेद फूलों से ढँके, मल्लिकार्जुन को।

आज यह कल्पना करके ही आश्चर्य होता है कि कभी हमारे यहाँ एक ऐसा समाज था, जिसमें एक ही समय में ऐसे बड़े साधक सम्भव थे। और वे सब न केवल स्वयं को, बल्कि इस देश की ज्ञान-पिपासा को भी अनिर्वचनीय ढंग से व्याख्यायित कर रहे थे।

❀

यहाँ प्रस्तुत मेरे अधिकांश भाव-अनुवाद कर्नाटक साहित्य अकादमी एवं बसव समिति, बंगलुरू द्वारा हिन्दी में प्रकाशित वचन साहित्य के दो ग्रंथों पर आधारित हैं। मैंने सीधे कन्नड़ से हिन्दी रूपांतर को अधिक प्रामाणिक माना है, किंचित ये मूल के अधिक निकट हों।

प्रथम दृष्टि में उपरोक्त ग्रंथों के अनुवाद या तो अति क्लिष्ट हैं, या नीरस और अपठनीय। उनमें कोई बड़ी बात कही जा रही है, इसका अनुमान तो होता है, मगर क्या, इसका नहीं। कन्नड़ भाषी अनुवादकों ने कई जगह मूल शब्दों को जस का तस लिख दिया है, जिनका हिन्दी में न कोई प्रचलन है, न ही प्रचलित अर्थ।

कई शब्दों के अर्थ ढूँढ़ने पर मैंने पाया, वे मूलतः देवभाषा संस्कृत के शब्द हैं जिनका व्यवहार सम्भवतः अभी तक आधुनिक कन्नड़ में होता है, मगर हिन्दी में नहीं। यह विचित्र ही है कि एक ही मूल भाषा में से निकली दो भारतीय भाषाओं में एक में उनका चलन है, दूसरी में उन शब्दों की छाया तक नहीं।

यहाँ अमरकोषः की सहायता से मैंने उन्हें प्रचलित हिन्दी शब्द देने की भरसक चेष्टा की है। अपनी बुद्धि और जानकारी के आधार पर उनकी वाक्य-संरचना ठीक करने का प्रयास किया है।

ठोक-बजा कर जाँचने के लिए कई बार मैंने उन्हें उपलब्ध अंग्रेज़ी अनुवादों के साथ मिलाया है। अनेक बार तो एक ही वचन दोनों भाषाओं में ऐसा भिन्न सुनाई देता है, जैसे वह दो अलग वचन हों! आश्चर्य तो यह भी रहा कि कुछ वचन हिन्दी पुस्तकों में भी अलग सुनाई पड़ते थे। वहाँ भी उन्हें अंग्रेज़ी अनुवादों के साथ मिला कर समझने की चेष्टा की है कि मूल में क्या रहा होगा।

यदि ये वचन एक हज़ार वर्षों से हमारे दक्षिण भारतीय, विशेषकर कन्नड़ लोगों के दिल में बसे हुए हैं, तो यह कथ्य में स्थूल बिल्कुल नहीं हो सकते, यह तय बात है। दिल में बसने के लिए बात दो टूक और नुकीली होनी चाहिए, हम सब जानते हैं।

❀

इन वचनों के अनुवाद करते समय एक क्षण को भी भक्तिन अक्का महादेवी की नग्न स्त्री देह मेरे ध्यान से धुँधली नहीं हुई। यह उनकी पाठक होने में मेरे स्वयं स्त्री होने से हुआ होगा। मेरी अनेक रातें अनजाने में कुछ ऐसी बेचैनी में बीतीं, जैसे मैं नींद में भी उन्हें आवरण ओढ़ाने की चेष्टा करती थी, सदियों के अन्तराल से, और वस्त्र उन तक पहुँच नहीं पाता था।

मालूम नहीं, महादेव ने उन्हें कब आकाश ओढ़ाया होगा?

पहले दिन तो महादेवी अपनी नग्नता के साथ ही चली होंगी। एक सकुचाई बीस वर्षीया युवा स्त्री, विक्षोभ और अपमान से स्तब्ध, अपने खुले लम्बे बालों से किसी तरह अपनी नग्नता ढँकती हुईं।

आवरण एक छिलका है, नग्नता और काया भी छिलका हैं—ये सब उनके स्त्री-अनुभव में गहरे संताप के बाद आया होगा। आकाश ओढ़ा जा सकता है, बिछाया जा सकता है, यह जानने से पहले कई ईंट-पत्थर उन पर पड़े होंगे।

❀

महादेवी के भीतर का संतत्व ऐसे विकट रास्ते से बाहर आएगा, यह अकल्पनीय है। तब भी, आज भी।

किंवदंती है कि सोलह वर्षीया महादेवी का विवाह स्थानीय जैन राजा से हुआ था, जो उन्हें नदी तट पर पूजा में मगन देख उन पर आसक्त हुआ था। महादेवी ने विधर्मी से विवाह पर अपनी कुछ आशंकाएँ रखी थीं, कुछ शर्तें, कि राजा कभी उनकी पूजा-अर्चना में अड़चन नहीं डालेगा, उन्हें अपने गुरुजनों, सत्संगियों से मिलने देगा, आदि। राजा मान गया था और विवाह सम्पन्न हो गया था।

परन्तु एक-दो वर्ष में ही धीरे-धीरे सब शर्तें टूटने लगीं। महादेवी को घर छोड़ना पड़ा। घर छोड़ने की घटना बड़ी हृदयविदारक है।

कहते हैं, रोज की तरह उस दिन भी महादेवी पूजा में बैठी थीं, सद्यस्नाता, जब राजा, उनका पति, उन्हें देख ऐसा कामातुर हुआ कि उसमें पूजा समाप्त होने तक का धैर्य न रहा। उसने आकर महादेवी का वस्त्र खींच दिया और वस्त्र खुल गया, महादेवी का ध्यान भंग हो गया।

महादेवी ने अपने उघड़े शरीर की ओर संकेत कर उसे धिक्कारा, क्या इस देह के लिए तुमने मुझे ऐसा क्लेश दिया है?

पति ने कहा, तुम अब मेरी सम्पत्ति हो, तुम्हारे वस्त्र और आभूषण भी। अब मैं तुम्हारे साथ जब जो चाहूँ, कर सकता हूँ।

महादेवी जैसी खड़ी थीं, वैसी बाहर निकल आईं, निर्वसन। किंकर्तव्यविमूढ़। महल से सड़क पर, सड़क से देश में।

उसके बाद जीवन-भर, भले वह उनका छोटा-सा जीवन था, उन्होंने कोई आवरण नहीं लिया। बस उनके लम्बे केशों ने उन्हें ढँका, उनकी नग्न, युवा, स्त्री-देह को, जितना यह सम्भव था।

❀

उसी निरावरण देह ने शिव-तत्व की खोज-यात्रा आरम्भ की। स्वयं का वध किया।

महादेवी ने अल्लामा प्रभु के अनुभव-मंडप के बारे में सुन रखा था। उनके स्थान से आठ सौ किलोमीटर दूर वह स्थान था। उनकी नग्न स्त्री-देह महीनों पैदल चल कर, भिक्षा माँगती, फब्तियाँ सुनती, तिरस्कार सहती, वहाँ पहुँची, आज के बीदर कल्याण स्थान में, शिव की महिमा सुनने।

मगर शिवत्व की प्राप्ति सम्भवत: उन्हें बीच रास्ते में ही कभी हो गई थी। कहते हैं, उनकी आन्तरिक शारीरिक रचना बदल गई थी, मासिक धर्म रुक गया था। काया-छिद्रों में से राख की विभूति निकलनी शुरू हो गई थी। रहस्यवादी इसे शिव से मिलन की उच्च अवस्था का संकेत मानते थे। देह में छिपे काम के भस्म होने का प्रमाण।

अक्का महादेवी के वचनों में इस कठिन यात्रा की अनेक छवियाँ मिलती हैं।

❀

जब वह अनुभव-मंडप के निकट पहुँचीं, हड़कंप मच गया। भभूत से ढँकी एक नग्न स्त्री चली आ रही थी।

उनका रास्ता रोकने की कोशिश हुई। असफल। फिर अनुभव-मंडप के एक भक्त बोमैया, जो स्वयं बड़े संत माने जाते थे, ने उन्हें रोक कर उनकी शारीरिक जाँच की। बाक़ायदा उनकी योनि तक। वहाँ भी भभूत मिली।

ये सब दिल दहला देने वाला वृत्तांत दो सौ साल बाद चौदहवीं शताब्दी में लिखा गया। लिंगायत सम्प्रदाय के प्रमुख धार्मिक

ग्रंथ 'शून्य संपादने' में यह अंकित है।

इसके बाद ही उन्हें अनुमति मिली, अनुभव-मंडप में अल्लामा प्रभु के समक्ष उपस्थित होने की। वहाँ भी अल्लामा प्रभु ने कठोर प्रश्नों से उनकी कड़ी परीक्षा ली। अन्त में उनसे पूछा, जब तुमने आवरण छोड़ ही दिया था, तो केशों से क्यों ढँके हुए हो?

महादेवी ने उत्तर दिया, मैं तैयार हूँ प्रभु, मगर आप अभी उस दृश्य के लिए परिपक्व नहीं।

सारी सभा उनके आगे नतमस्तक हो गई।

बासवन्ना ने उन्हें नाम दिया, अक्का। दीदी।

उसके बाद से ही वह अक्का महादेवी कहलाईं।

❀

मगर अक्का महादेवी का मार्ग ज्ञान-चर्चा का न था।

भले अनुभव-मंडप के परम संतों के सत्संग ने उन्हें भीतर तक भिगोया था, उन्होंने दीक्षा की प्रक्रिया को निकट से देखा था, कैसे गुरु की ऊर्जा भीतर उतरती है, इसका आत्मसात् किया था।

उनके वचनों में गुरु और शरणों के सत्संग के अनुभव की मार्मिक अभिव्यक्तियाँ यहाँ-वहाँ बिखरी पड़ी हैं। सम्भवत: अनुभव-मंडप में बीते इस समय ने ही उन्हें एकान्त साधना की राह दिखाई, जहाँ उन्हें अपना शेष आत्म-परिष्कार करना था।

कुछ माह बाद वह शैल पर्वत की ओर चलती चली गईं, अनुभव-मंडप से कोई सात सौ किलोमीटर दूर। श्रीशैलम ज्योतिर्लिंग के पास, महादेव के स्थान पर।

वहाँ कृष्णा नदी के किनारे आज उनकी गुफा चिह्नित है। यहीं उन्होंने एकान्त साधना की थी।

कहते हैं, अन्तिम वर्षों में उनके माता-पिता वहाँ आए थे, उन्हें घर लिवाने। परन्तु वह नहीं गईं। फिर उनका राजा पति आया था, उनसे क्षमा माँगने, लौटाने। मगर तब तक वह तपस्या में बहुत आगे जा चुकी थीं। लौटने को कुछ था नहीं।

सन् 1160 के आसपास, लगभग दस वर्ष की दिगम्बर साधना के बाद किसी समय वह अन्तर्धान हुईं। अट्ठाईस-तीस की वय में। कुछ कहते हैं, श्रीशैलम में समा गईं।

❀

अल्लामा प्रभु कैसे रहे होंगे?

मैं उनकी कल्पना नहीं कर पाती।

मगर परम गुरु कैसे होते हैं, इसका कुछ अनुमान मुझे है। दीक्षा का भी।

दीक्षा धार्मिक या सामाजिक नहीं, एक आन्तरिक प्रक्रिया है। अपने मूक अनुभव के आगे नतमस्तक होने का, पुनर्जन्म लेने का क्षण। द्विज होने की घटना।

जो बात पुस्तकें पढ़ कर समझ में नहीं आती, वह गुरु के दो शब्दों से कैसे आलोकित होती है, मैंने यह देखा है।

मैंने रिनपोछे को अक्का महादेवी के बारे में बताया। फिर उनसे पूछा, यदि आप अल्लामा प्रभु की जगह वहाँ होते और एक नग्न भक्तिन स्त्री आपकी सभा में आ जाती, तो आप क्या करते?

उन्होंने कहा, 'यह एक काल्पनिक प्रश्न है, उन दिनों परीक्षा

देने वाले भी थे, और लेने वाले भी। आज न वैसे साधक हैं, न गुरु। आज इसे अश्लील माना जाएगा।'

हम अक्का महादेवी के पास बार-बार क्यों जाते हैं? क्या कोई प्रकाश लेने? उनके वचन हमें आज भी ऐसा व्याकुल, सांत्वनाहीन क्यों कर देते हैं? स्त्री के लिए संसार का मार्ग और भक्ति का मार्ग, दोनों ही ऐसे विकट क्यों हैं? मुक्ति का रास्ता कहाँ है?

क्या अक्का महादेवी की तपस्या रिनपोछे जैसे परम तत्वज्ञानी से कुछ कहती है?

मैंने उनसे जिज्ञासा की, क्या वह मेरे इस प्रयास पर दो शब्द कहेंगे?

उन्होंने स्वीकृति दी। मैं कृतार्थ हूँ।

❀

जनवरी 2020 में मुझे श्रीशैलम जाकर माथा टेकने का सौभाग्य मिला। ज्योतिर्लिंग के दर्शन करने का।

बरसों से वह मेरे दिल में धड़क रहीं थीं। भगवान शिव के लिए उनका ज्वरग्रस्त प्रेम, उनकी साधना।

वह मेरे भीतर ऐसी उतरीं थीं कि हर जगह मेरे साथ होतीं थीं, विशेषकर कैलाश मानसरोवर यात्रा में। मेरी पुस्तक *अवाक्* में वह बार–बार आईं थीं, फिर केरल यात्रा में। श्रीशैलम की तीर्थयात्रा तो हुई ही उनके पदचिन्हों को ठीक से देख पाने को।

❀

महान हिन्दू मन्दिरों जैसा वह मन्दिर था। मल्लिकार्जुन ज्योतिर्लिंग।

उषाकाल में प्रवेश के लिए लम्बी पंक्ति, टिकट, धक्का-मुक्की। कड़े नियम। ठीक से दर्शन हो पाए, इसकी युक्तियाँ।

मन्दिर परिसर में जूतों की सुरक्षा में एक काना व्यक्ति तैनात था, जिसने अपने कार्यभार के सफल निर्वाह के लिए एक अचूक युक्ति निकाल रखी थी। दाएँ पैर के जूते एक पंक्ति में रखिए, बाएँ पैर के दूसरी पंक्ति में!

❀

उजली भोर वाली वह सुबह थी।

केवल एक क्षण को जैसे समय रुक गया था।

आसपास कोई नहीं, बस एक महिला पुलिस।

सामने धरती में से झाँकता ज्योतिर्लिंग, काले रंग का, सुनहरे धातु की रेलिंग से रेखांकित।

सुदूर किसी समय में महादेव-पार्वती वहाँ आए थे, अपने रूठे पुत्र कार्तिकेय के निकट रहने।

सतयुग में वह ज्योतिर्लिंग अनंत प्रकाश का एक स्तम्भ था। ब्रह्मा ने झूठ बोला था कि उन्होंने उसका अन्तिम छोर देख लिया है और सदा के लिए अपूज्य हो गए थे।

फिर वह ज्योतिर्लिंग अग्नि-पुंज बना, अब कलियुग की कालिख में वह काला पत्थर हो गया था, धरती में से झाँकता महादेव का चिह्न।

क्या मैं इन्हें छू सकती हूँ? मैंने महिला पुलिस से पूछा।

हाँ, मगर जल्दी करिए।

मैंने माथा टेक कर प्रणाम किया। एक बेल-पत्र धक्के-मुक्के के बाद अब भी मेरे हाथ में दबा था। उसे अर्पित करते हुए मैंने अपना काँपता-सा मरणशील हाथ वहाँ रखा। ज्योतिर्लिंग पर।

तड़ित की एक बारीक चमकन मेरे भीतर उतर आई, जैसे देवता ने संकेत दिया हो, वह वहाँ हैं, उन्होंने मुझे देख लिया है, मेरा आना स्वीकार कर लिया है।

मैं उठी तो आँसू बह रहे थे। कैसे अक्का महादेवी जीवन-भर उनके लिए तड़पीं थीं।

उन्हीं झर-झर आँखों से मैंने सारा मन्दिर देखा। उसका सुरम्य वातावरण।

ख़ूब बड़ा प्रांगण था। पहाड़ को काट कर बनाई गई सीढ़ियाँ। हर तल पर छोटे-बड़े देवताओं के मन्दिर।

एक ओर नाग-पत्थरों का जमावड़ा था, उसी के पास यज्ञ शालाएँ। हवा में गूँज रही मंत्र-ध्वनियाँ। महादेव को एक साथ कई हवन अर्पित हो रहे थे।

गौ शाला में बछड़ों को हम चारा खिला सकें, ऐसी व्यवस्था थी। लार टपकाते निष्पाप भोले मुख।

मन्दिर से बाहर निकल रही थी कि एक पेड़ के नीचे खड़ी सुनहरी आदमकद मूर्ति पर मेरी नज़र पड़ी। भीड़ में शायद ही कोई उस पर ध्यान दे रहा था।

घने लम्बे बालों से ढँकी, दुबली-पतली एक नग्न नारी प्रतिमा।

जिस तरह वह शेष जीवन घूमीं थीं। अब वह वहाँ थीं, अपने देवता के पास।

मुझे हैरानी हुई।

जैसी मूरत मेरे दिल में उनकी बसी थी, वैसी में ही वह वहाँ खड़ी थीं। अकेली। तेजस्विनी।

—गगन गिल

यह अनुवाद नहीं, रूपांतरण है, भावांतरण।

मैंने अक्का महादेवी को कन्नड़ में नहीं, कभी अंग्रेज़ी, कभी हिन्दी अनुवाद में पढ़ा है।

उन्हें किसी स्वरलिपि नहीं, संगीत की तरह सुना है। अपनी भावना से उनका आशय पकड़ने की चेष्टा की है।

यह उनके वचनों का ताप है, कि भले किसी भी भाषा में उन्हें पढ़ें, मेरा भारतीय मन उनका कथन भाँप लेता है। सुप्त संस्कार की कोई भाषा उसकी गाँठ खोल देती है, जहाँ शब्द नहीं, शब्दातीत उपस्थित है।

अक्का महादेवी के वचन जैसे मेरे किसी पुरातन संस्कार को पुनर्जीवित, उसका पुनरुद्धार करते रहे हैं।

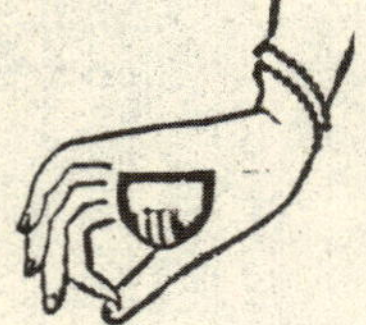

1

जैसे रेशम का कीड़ा
बुनता है अपना घर
सप्रेम अपनी ही मज्जा से
और मर जाता है
अपनी देह से लिपटे

वैसे मैं जलती हूँ
अपनी देह की इच्छा में

चीर डालो, ओ प्रभु
कामना से भरा मेरा हृदय

2

चिंगारी उड़ेगी अगर,
समझ लूँगी,
मिट गई है मेरी भूख-प्यास

फटेगा अगर आसमान,
समझ लूँगी,
मेरे नहाने को बह आया है

फिसल पड़ेगी पहाड़ी जो मुझ पर,
समझ लूँगी,
मेरे बालों का फूल है वह

जिस दिन गिरेगा मेरा सिर
कन्धों से छिटक कर,
समझूँगी तुम्हारी भेंट चढ़ा,
ओ मल्लिकार्जुन!

3

भेजो मुझे दर-दर,
हाथ फैलाए,
भीख माँगने को

और अगर माँगूँ भीख,
तो मत देने देना उन्हें

और अगर वे दें,
तो गिरा देना उसे धरती पर

और अगर वह गिर जाए,
तो मेरे उठाने से पहले
ले जाने देना उसे कुत्ते को,
ओ मल्लिकार्जुन!

किसे परवाह है,
कौन तोड़ता है पेड़ से पत्ती,
एक बार फल टूट जाने के बाद?

किसे परवाह है,
कौन जोतता है ज़मीन,
त्याग दी जो तुमने?

किसे परवाह है
कौन सोता है उस स्त्री के साथ,
जिसे छोड़ दिया तुमने?

एक बार प्रभु को जान लेने के बाद,
किसे परवाह है,
कुत्ते खाते हैं इस देह को
या गलती है यह पानी में?

5

दूसरे पुरुष काँटा हैं,
कोमल पत्ती में छिपे

मैं उन्हें छू नहीं सकती,
न जा सकती हूँ उनके पास,
न कर सकती हूँ भरोसा,
न कह सकती हूँ मन की कोई बात

ओ माँ,
सब के सीने में हैं शूल,
मैं नहीं भर सकती उन्हें बाँहों में,
सिवाय मेरे मल्लिकार्जुन के

6

चार पहर दिन के
मैं तुम्हारे शोक में रहती हूँ,
चार पहर रात के
तुम्हारे लिए बौराई

पड़ी रहती हूँ दिन-रात,
खोई और बीमार

ओ मल्लिकार्जुन!
जब से पनपा
तुम्हारा प्रेम,
भूल गई मैं
भूख, नींद और प्यास

7

उई माँ, मैं जलती रही
बिना लपटों की आग में

ऊई माँ, मैं सहती रही
बिना घाव एक गुप्त-चोट

ऊई माँ, मैं उलझ गई
सुखहीन श्रम में

प्रेम में मल्लिकार्जुन के,
घूम आई मैं,
कैसे कैसे जगत!

8

एक नहीं, दो नहीं, न तीन या चार
चौरासी लाख योनियों में से आई हूँ मैं,
निकल कर आई हूँ
असम्भव संसारों में से

कभी आनन्द पिया,
कभी पीड़ा

जो भी थे मेरे पूर्वजन्म,
दया करो,
आज के इस दिन,
ओ मल्लिकार्जुन!

9

जब मैं जानती नहीं थी स्वयं को,
कहाँ थे तुम?

जैसे स्वर्ण में उसका रंग,
मुझमें थे तुम

मैंने देखी मुझ में
तुम्हारे होने की विडम्बना,
बिना कोई झलक दिखलाए,
ओ मल्लिकार्जुन!

10

वन हो तुम,
वन के सब देव-तरु भी तुम

तरुओं के बीच विचरते
खग-मृग भी तुम

सब में तुम, तुम में सब

कभी तो दिखलाओ
अपना मुख,
ओ मल्लिकार्जुन!

11

घर में पति,
बाहर प्रेमी,
मुझ से नहीं निभते दोनों

लौकिक
और अलौकिक,
मुझ से नहीं निभते दोनों

एक हाथ में
बेल-फल,
दूसरे में कठ-बेल,
मुझ से नहीं बन पड़ता,
मल्लिकार्जुन!

12

प्रकाश ने दिखाया आकाश,
फैला हुआ
दूर दिगंत तक,
पवन की हलचल,
पत्ते, फूल, सब के सब छह रंग
पेड़ों पर, झाड़ी में, लताओं पर

ये सब हुए
दिन की प्रार्थना

चाँद की चाँदनी, तारे और अग्नि,
तड़ित और ऐसी ही सब वस्तुएँ,
जानी जाती हैं जो
प्रकाश के नाम से,
वे सब हुईं रात की प्रार्थना

भूली रहती हूँ,
दिन है कि रात,
तुम्हारी प्रार्थना में,
ओ मल्लिकार्जुन!

13

यदि तुम साँप के दाँत उखाड़ कर
खेल सको उसके साथ,
तभी भली संगत साँप की

यदि तुम निकाल सको
देह में से उसके व्यसन,
तभी संगत भली देह की

व्यसन देह के
जैसे माँ बन जाए राक्षसी

मत कहो उन्हें कायाधारी,
जिन्हें प्रेम है तुम से,
ओ मल्लिकार्जुन!

14

झेंप जाते हैं लोग,
पुरुष हों या स्त्री,
सरक जाए यदि
लज्जा को ढँके उनका अधोवस्त्र

व्याप्त हो जब जीव-जगत में
बिना मुख का प्रभु,
किससे तुम करोगे संकोच?

समस्त जगत जब
आँख है प्रभु की,
देखती हुई सब,
छिपाओगे क्या, ढँकोगे क्या?

15

भूख के लिए
गाँव का दिया भिक्षा-अन्न

प्यास के लिए
नदियाँ, कुएँ, तालाब

सोने के लिए
मन्दिरों के खंडहर

आत्मा के संग को
तुम मेरे पास,
ओ मल्लिकार्जुन!

16

क्यों चाहिए मुझे
मुर्दा होता जाता यह संसार?

माया का मूत्रपात्र,
आतुर वासनाओं का वेश्याघर,
यह चटका घड़ा
यह टपकता हुआ तलघर?

अँगुली भले मसल डाले गूलर को,
ज़रूरी नहीं कोई खा भी ले उसे,
जाँचने को उसे

शरण दो प्रभु,
मेरे दोष सहित,
ओ मल्लिकार्जुन!

17

ओ भाइयो, क्यों कसते हो बोल,
बिखरे बाल,
मुरझाए मुखड़े,
सूखी देह लिये
इस स्त्री पर ?

ओ पिताओ,
क्यों सताते हो इस स्त्री को?
उसके अंगों में नहीं प्राण,
छोड़ दिया उसने यह संसार,
त्याग दी सब इच्छा,
हो गई वह भक्तिन

सोई थी वह मल्लिकार्जुन के संग,
अपनी जात गँवा बैठी है

18

वह सुन्दर मेरा प्रेम

न उसे मृत्यु, न जरा
न आकार
न स्थान, न दिशा
न अन्त, न जन्मचिह्न
वही मेरा प्रेम, सुन री, ओ माँ!

वह सुदर्शन मेरा प्रेम
न उसे बन्धन, न भय
न कुल, न देश,
न सीमाचिह्न कोई
उसके रूप के

वही मेरा प्रभु,
मेरा पति, मल्लिकार्जुन!

ये रख पति,
जो मरणशील, जरा-जर्जर,
झोंक इन्हें चूल्हे की आग में,
मेरी माँ!

19

जैसे झुंड से बिछुड़ा हाथी
पकड़ा जाए अचानक,
याद करे अपने पर्वतों,
विंध्य को,
मैं याद करती हूँ

जैसे तोता आ जाए
पिंजरे में,
और याद करे अपने साथी को,
मैं याद करती हूँ

दिखाओ मुझे राह,
ओ मल्लिकार्जुन!
पुकारो,
इधर से आ, बच्ची,
इस रास्ते से

20

ओ प्रभु,
नीले पर्वतों के वासी,
पैरों में पहने चंद्रमणि,
लम्बी तुरही बजाते,
मैं कब फोड़ूँगी
अपने स्तनों के घट तुम पर?

ओ मल्लिकार्जुन,
मुक्त हो कर
देह की लज्जा,
हृदय के शील से,
मैं कब मिलूँगी तुमसे?

21

चुप रही मैं
जब तुम व्यस्त थे सेना और युद्ध में,

रखे रही धीरज
जब तुम जा मिले सेना और युद्ध से,

मगर अब,
जब तुम यहाँ हो मेरी हथेली, मेरे हृदय में,
और फिर भी मुझसे विमुख,
कैसे जीऊँ मैं?

ये मेरी दूती भी
यदि न जीत सके मल्लिकार्जुन को,
तब बता, मेरी माँ,
क्या हाल करूँ इसका?

22

बार-बार मिलन और संगम से अच्छा है,
वियोग के बाद,
एक बार का मिलन

दूर होते हैं जब वह,
रोक नहीं पाती बिना देखे,
एक झलक उनकी

सखी, मैं कब पाऊँगी उन्हें
दोनों बिधि?
उनके निकट भी,
अनिकट भी,
मेरे मल्लिकार्जुन!

23

जैसे धरती में गड़ा धन,
जैसे फल में छिपा रस,
जैसे शिला में छिपा स्वर्ण,
जैसे तिल में छिपा तेल,
जैसे काठ में छिपी अग्नि

वैसे हृदय में छिपा
परमेश्वर

कोई नहीं जानता
रंग-ढंग,
मेरे प्रभु
मल्लिकार्जुन के!

24

दूध में जैसे
पानी हो तुम

मैं नहीं जानती
पहले कौन, बाद में कौन
स्वामी कौन, दास कौन

ओ मल्लिकार्जुन,
चींटी जो करेगी तुम्हारा कीर्तन,
बन न जाएगी
वह रुद्र?

25

देह मेरी मिट्टी है,
क्षिति मेरी आत्मा,
किसे थामूँ प्रभु?
कैसे भजूँ तुम्हें?

चीर डालो
मेरे मायाजाल,
ओ मल्लिकार्जुन!

26

बंदर जैसे मदारी की छड़ पर,
पुतली जैसे डोर के सिरे पर

मैं नाची हूँ, जैसे तुमने नचाया है
बोली हूँ, जैसे तुमने बुलवाया है
रही हूँ, जैसे तुमने रखा है

जगत के नियंता,
ओ मल्लिकार्जुन!
भागती रही हूँ,
जब तक तुम चीखे नहीं,
रुक!

27

माया ने दुःख दिया देह को
छाया के जैसा,
जीवन को दुःख दिया
हृदय के जैसा,
हृदय को दुःख दिया
स्मृति के जैसा,
स्मृति को दुःख दिया
बोध के जैसा

माया हाँकती सब संसार
ऊँची लाठी उठाए

ओ मल्लिकार्जुन!
कौन पा सकता है पार
तुम्हारी माया से!

28

जैसे धारा
दौड़ती चली जाए
सूखी झील की तह में

जैसे वर्षा
बहती चली जाए
सूखी टहनी की डंडी पर

जैसे जग का सब सुख
और रास्ता इससे विमुख,
दोनों
आ रहे हों मुझ तक

धन्य हुई मैं,
ओ मल्लिकार्जुन!
देख कर प्रभु चरण

29

बिना तुम्हें चीन्हे
पर्वत में, वन में
भटकती रही मैं
वृक्ष से वृक्ष तक

हाँफती रही, ढूँढ़ती रही,
प्रभु, मेरे प्रभु,
दिखाओ मुझे अपनी करुणा!

जब तक कि मिल नहीं ली
तुम्हारे लोगों से,
पा नहीं लिया तुम्हें

छिपे रहते हो तुम
कि मैं खोजूँ और पाऊँ?

कुछ तो संकेत दो
अपने गुह्य स्थलों का,
ओ मल्लिकार्जुन!

30

चमकीले लाल केश कुंडल,
माथे पर मणि मुकुट,
मोती जैसे दाँत,
मुस्काते मुख में जड़ी आँखें
आभासित जिनसे चौदह खंड,
मैंने देखी प्रभु की दीप्ति,
और भर आईं मेरी
प्यासी आँखें

मैंने देखा गर्वीले प्रभु को
जिसके लिए पुरुष, सब पुरुष
सब स्त्रियाँ हैं, पत्नियाँ

मैंने देखा परम पुरुष को
क्रीड़ा करते
आदि शक्ति से

मैंने देखी उसकी भंगिमा
और उठ बैठी जीवित

31

ओ चहकती चिड़ियों,
पता है तुम्हें? नहीं पता तुम्हें?

ओ कूकती कोयल,
पता है तुम्हें? नहीं पता तुम्हें?

ओ भिनभिनाते भँवरो,
पता है तुम्हें? नहीं पता तुम्हें?

ओ झील के हंसो,
पता है तुम्हें? नहीं पता तुम्हें?

ओ जंगल के मोरो,
पता है तुम्हें? नहीं पता तुम्हें?

बताओ मुझे,
यदि पता है तुम्हें,

कहाँ हैं वह,
मेरे मल्लिकार्जुन!

32

जान पायेगा कभी
आकाश की गहराई,
चक्कर लगाता गिद्ध,
जैसे जानता है चंद्रमा?

जान पायेगी कभी
जल की गहराई,
किनारे उगी खर-पतवार,
जैसे जानता है कमल?

जान पाएगी कभी
फूलों की गंध,
भिनभिनाती हुई मक्खी,
जैसे जानती है मधुमक्खी?

ओ मल्लिकार्जुन!
केवल तुम जानते हो

अपने भक्तों की राह

ये क्या समझें,
भैंस की पीठ पर बैठे
मच्छर?

33

सुन, बहन, सुन
मैंने देखा एक सपना

अक्षत, पान, पत्तल, नारियल देखा
देखा एक योगी,
छोटी-छोटी जटाओं वाला,
मोती जैसे दाँतों वाला,
भिक्षा के लिए घर आते देखा

उस लौटते हुए का
मैंने पीछा किया,
पकड़ लिया
उस का हाथ

देखा मल्लिकार्जुन को
और खुल गई मेरी आँख!

34

उसने सौदा किया मेरे दिल से,
लूट ली मेरी देह
वसूली में,
ले लिया मेरा सुख,
मेरा ले लिया
सर्वस्व

मैं अनुरागिन
मेरे मल्लिकार्जुन की!

35

जब एक हृदय छूता है,
स्पर्श करता है दूसरे को,
भारी नहीं पड़ जाएगा स्पन्दन सब कुछ पर?
किसे ध्यान रहेगा मर्यादा का तब?

उई माँ, पागल हुई है तू,
मैंने बस प्रेम किया,
दे दिया अपना सर्वस्व,
प्रभु मल्लिकार्जुन को

जा, जा, नहीं चाहिए मुझे,
तेरी माँ-बेटी वाली बकबक,
जा अब, तू जा!

36

जब तक पा नहीं लेते तुम
भले-बुरे का भेद

यह वासना की देह है,
क्रोध का घर,
तृष्णा का घात,
आवेग का घर,
अहं का घेरा,
मुखौटा ईर्ष्या का

जब तक तुम जान नहीं लेते
और फिर
भूल नहीं जाते ये ज्ञान

कोई रास्ता नहीं
जानने का,
मेरे प्रभु मल्लिकार्जुन को!

37

जो होना है कल,
हो जाए आज

जो होना है आज,
हो जाए अभी

मुझे मत सुनाओ
अपनी अब-तब,
ओ मल्लिकार्जुन!

38

साँस में हो जब महक,
किसे चाहिएँ पुष्प?

हो शान्ति, धीरज,
क्षमा और स्वशासन,
किसे चाहिए सिद्ध मुद्रा?

समस्त संसार जब
हो जाए अभिन्न,
किसे चाहिए एकान्त,

ओ मल्लिकार्जुन!

39

छीन सकते हो तुम
मुट्ठी का धन,
छीन सकते हो मगर क्या
देह की आभा?

उतार सकते हो परत-परत
हर चिथड़ा
देह को ढँकता,
छील सकते हो मगर क्या
वह शून्य दिगम्बर,
ढँके है जो,
छिपाए है सबको?

ओ मूढ़,
पहन रखी हो जिसने
मल्लिकार्जुन की ऊषा,
चाहिएँ क्या उस निर्लज्ज को,
वस्त्र और आभूषण?

40

वन में था हर वृक्ष
कल्प-वृक्ष,
हर झाड़ी
संजीवनी बूटी,
हर शिला
पारस मणि,
सब स्थान
तीर्थ-स्थल,
सब जल
अमृत जल,
हर जन्तु
स्वर्ण मृग

हर कंकर
जिस पर मेरा पाँव पड़ा,
स्फटिक चिन्तामणि!

परिक्रमा करती शैल-पर्वत की
जा पहुँची मैं कदलीवन![1]

1. कृष्णा नदी तट पर स्थित कदलीवन, जहाँ अक्का महादेवी के समय में अनेक सिद्ध साधनारत थे। वहीं चट्टानों में आज एक गुफा महादेवी के साधना-स्थल की मिलती है। श्रीशैल पर्वत पर ही मल्लिकार्जुन ज्योतिर्लिंग का स्थान है।

41

बाँझ क्या जाने
प्रसव की पीड़ा?

विमाता क्या जाने
ममता है क्या?

अनाहत क्या जाने
आहत की पीड़ा?

मल्लिकार्जुन की भोंकी
दुधारी कटार
गड़ी है पेट में,
तड़पती हूँ लोट-लोट

उई माँ,
तू क्या जाने मेरी यातना?

42

भूख तू, यहाँ थम, यहाँ थम
प्यास तू, यहाँ थम, यहाँ थम
नींद तू, यहाँ थम, यहाँ थम
काम तू, यहाँ थम, यहाँ थम
क्रोध तू, यहाँ थम, यहाँ थम
मोह तू, यहाँ थम, यहाँ थम
लोभ तू, यहाँ थम, यहाँ थम
मद तू, यहाँ थम, यहाँ थम
विद्वेष तू, यहाँ थम, यहाँ थम

चराचर तुम सब,
यहाँ थमो, यहाँ थमो

मैं पहुँचाने चली
मल्लिकार्जुन को
अति आवश्यक सन्देश,
मेरा प्रणाम, प्रभु!

43

धरती पर मृग,
चन्द्रमा में खग,
क्या औचित्य उनके प्रेम का
यदि मिल न पाएँ वे?

तरसती रह जाएँ तुम्हारी आँखें,
जैसे बाढ़ में खड़ा
फलों से लदा आम वृक्ष

ओ मल्लिकार्जुन,
मैं आई इस संसार में,
नहीं आना था जहाँ मुझको,
प्रेम किया उससे,
जो दूर था इस सबसे

44

भर गया जब देह में
सब जल
मन बन गया एक नौका

मुझे पार लगाओ, केवट

पार कर लूँगी ये लहर,
भरोसा है पक्का

मुझे पार लगाओ, केवट

श्रीशैल मल्लिकार्जुन[1] को
देखने आई हूँ, रे केवट!

1. श्रीशैल मल्लिकार्जुन पर्वत, जहाँ कृष्णा नदी को पार कर पहुँचना होता है।

45

हड्डियों का ढाँचा,
मल-मूत्र का खाँचा,
पीक भरी देग

जल जाने दे इस देह को,
तन की ख़ातिर नाश मत हो

ओ बौरी,
मल्लिकार्जुन से बेसुध!

46

अज्ञानियों की संगत,
जैसे पत्थर घिस कर
पाना चिंगारी

ज्ञानियों की संगत,
जैसे गोरस मथ कर
पाना मक्खन

हे मल्लिकार्जुन,
तेरे शरणों की संगत,
जैसे जल उठना
कर्पूर-पर्वत!

47

अष्टविधि अर्चना से रिझाऊँ तुझ को?
बहिरंग व्यापारों से
मगर दूर है तू

अन्तर्मन के ध्यान से रिझाऊँ तुझ को?
वाक् और मन से
मगर दूर है तू

जप-स्तोत्रों से रिझाऊँ तुझ को?
मगर नाद से अतीत है तू

भाव-ज्ञान से रिझाऊँ तुझ को?
मगर मति से परे है तू

हृदय-कमल में स्थापित करूँ तुझ को?
मगर सर्वांग परिपूर्ण है तू

अपने वश की बात नहीं
तुझे रिझाना,
स्वामी, तू ख़ुद ही रीझे तो रीझे
ओ मल्लिकार्जुन!

48

तन न गले जिनका,
स्नान न तू उनसे चाहे

मन न हो जिनका द्रवित,
पुष्प न तू उनसे चाहे

शान्त न हो मन जिनका,
गंध-अक्षत न तू उनसे चाहे

खुला न हो प्रज्ञा-चक्षु तो,
आरती न तू उनसे चाहे

भाव न हो शुद्ध जिनका,
धूप न तू उनसे चाहे

पहुँचा हुआ न हो तो,
नैवेद्य न तू उनसे चाहे

त्रिकरण न हो शुद्ध जिनका,
ताम्बूल न तू उनसे चाहे

जो खिला न हो हृदय-कमल,
वहाँ न तू रहना चाहे

क्या पाकर मुझमें,
प्रभु,
आ बसे मेरे करस्थल में,[1]
हे मल्लिकार्जुन?

1. हथेली, जिस पर इष्टदेव शिवलिंग को रख कर वीरशैव आराधना किया करते हैं।

49

वेद, शास्त्र, आगम, पुराण,
कुटे धान की भूसी जानो रे!

इनको क्यों कूटो? फटकारो?

यहाँ-वहाँ भटकते मन को
नोंक पर यदि बाँधो,
झरेगा तेज ही तेज,
मल्लिकार्जुन!

50

कदली है तन, कदली है मन,
कदली है विषय-वासना,
कदली है भव-अरण्य

कदली को जीत लौटी जब जीवित,
देखा भवहर को,
कदली वन में

भव की जेता बिटिया, कह मुझको
जब अपने अंक लगाया करुणा से,
समा गई मैं,
मल्लिकार्जुन के
हृदय-कमल में

51

काम की खोपड़ी चीर कर,
काल की आँखें नोंच कर,
चन्द्र-सूर्य को भून कर,
खाने वाली मुझ पर,
कौन उठा सकता है उँगली?

तू दूल्हा बने और मैं दुल्हन,
जुड़ा हो जैसे
यम से पवन!

52

नींबू, संतरा, आम, नारंगी में
खट्टा पानी सींचा किसने?
नारियल, कदली, कटहल, ईख में
मीठा पानी सींचा किसने?
धान, राज्यान्न[1], शाल्यान्न में[2]
पकाऊ जल सींचा किसने?
मरुआ, मल्लिका, कोंपल में
परिमल जल सींचा किसने?

वही जल, वही थल, वही आकाश

एक ही जल नाना द्रव्यों से मिल
जैसे बन जाता न्यारा-न्यारा,
मेरा प्रभु वैसा ही है,
नाना जग से मिला हुआ
फिर भी उसका ढंग निराला

---

1. राजा के लिए उगाया जाने वाला विशेष धान
2. घोड़ों के लिए उगाया जाने वाला अन्न

53

भैंस की चिन्ता अलग,
चर्मकार की चिन्ता अलग

धर्मी की चिन्ता अलग,
कर्मी की चिन्ता अलग

मुझे अपनी चिन्ता,
तुम्हें वासना की चिन्ता

चल हट, छोड़ मेरा आँचल, मूढ़

मल्लिकार्जुन प्रभु
प्रसन्न होगा कि नहीं,
मुझे चिन्ता है इसकी!

54

गिरि-वन को छोड़ मोर
नाचेगा कभी
झाड़-झंखाड़ों में?

सरवर को छोड़ हंस
ललचाएगा कभी
पोखर-तालाब से?

कोयल कूकेगी क्या
आम की मंजरी बिन?

ललचाएगा भौंरा क्या
गंधहीन पुष्प को?

अपने प्रभु मल्लिकार्जुन के बिन
दूजे को ललचाएगा
क्या मन मेरा?

55

चाहे घिस दो चन्दन को
या काटो-छाँटो,
पीड़ा से तजता है क्या
कभी सुवास अपनी?

चाहे रगड़ो उसे कसौटी पर
या तपाओ अग्नि में,
जल कर क्या सोना
काला पड़ जाएगा?

ईख के टुकड़े-टुकड़े कर
पेरो जाकर कोल्हू में,
पक कर बनेगा जब खाँड,
तज देगा क्या मिठास
पीड़ा की सुध में?

मेरे अपकर्मों का

ढेर भी लगा दोगे मेरे सम्मुख,
हानि होगी तुम्हारी ही,
ओ मल्लिकार्जुन!

तुम्हारी शरण से दूर न जाऊँ,
भले तुम ले लो
प्राण भी!

56

जब तन ने रूप धरा तेरा,
सेवा करूँ मैं किसकी?

जब मन ने रूप धरा तेरा,
ध्यान करूँ मैं किसका?

प्राण ने जब रूप धरा तेरा,
पूजा करूँ मैं किसकी?

जब ज्ञान समा गया सब तुझ में,
किस को मैं बुझूँ?

मल्लिकार्जुन,
तुझ में तू बन कर
तुझसे ही भूल गई मैं तुझको

57

बातें जिन पर आचरण न हो सके,
शौर्य जो दिखाया न जा सके,
नारी का श्रृंगार जैसे चित्र में,
क्या अर्थ इनका?

पत्र-हीन वृक्ष की,
जल-विहीन नदी की,
गुण-विहीन अवगुनी की,
संगत का क्या अर्थ?

दया-हीन धर्म का,
अस्थिर भक्ति का,
विनय-हीन बातों का
क्या अर्थ,
मल्लिकार्जुन?

58

पर्वत पर घर बसा कर,
भय खाना हिंसक जीवों से,
क्योंकर?

समुद्र किनारे घर बसा कर,
भय खाना फेनिल लहरों से,
क्योंकर?

बीच बाज़ार में घर बसा कर,
होना कोलाहल से लज्जित,
क्योंकर?

मल्लिकार्जुन प्रभु, सुन,

जन्म लिया है जग में जब,
स्तुति-निंदा से खिन्न न हो कर,
बने रहना होगा स्थिर चित्त

59

लिंग को अर्पित होने से अंग
अंग-विहीन हुआ

ज्ञान को अर्पित होने से
मन लय हुआ

तृप्ति को अर्पित होने से
भाव हुआ भावशून्य

अंग, मन, भाव के लय होने से
काया हुई काया-हीन

भोगने लगा लिंग ही
मेरी काया का सुखभोग

शरण-सती लिंग-पति हुआ

इस तरह अन्तर्लीन हुई मैं
मल्लिकार्जुन रूपी पति में

60

स्वामी-हीन समझ मुझे छलो मत, रे भैया!

मैं कभी भय-कातर न होऊँगी,
जी रही हूँ सूखे पत्ते खा कर,
सो रही हूँ असि-धार[1] पर

मल्लिकार्जुन,
आन पड़ा यदि
बड़ा व्याघात[2] तो,
तन-प्राण अर्पण कर तुझ को
मैं परिशुद्ध बनूँगी

---

1. तलवार की धार, ब्रह्मचर्य व्रत के पालन हेतु एक परम्परा, जब पति-पत्नी अपने बीच नंगी तलवार रख कर सोते थे।
2. महादेवी की नग्न स्त्री-देह पर पुरुष हिंसा के संकेत, ये उनके वचनों में कई जगह मिलते हैं।

61

काया स्याह कर कुम्हलाने से
क्या होगा?
काया चमाचम चमकाने से
क्या होगा?

अन्तरंग शुद्ध बन जाए बस,
मल्लिकार्जुन प्रभु,
तुम्हारी कृपा से,
कैसी भी रहे यह काया,
क्या अन्तर?

62

भीतर की विषपूरित तृष्णा
छोड़े बिन,
बीन की धुन पर यदि
नाग नचाये फन,
क्या होगा?

अपने अन्तर के दुर्गुण
छोड़े बिन,
श्रवण-कीर्तन से
क्या होगा?

बता दे मुझको ऐसे जन,
मल्लिकार्जुन प्रभु,
जिन्होंने बाहर को भुला कर
जाना हो अन्तर को?

63

गंगा से छल करने वाले
पर्वत-चट्टानों की
दुर्गत देखो, रे!

अग्नि से छल करने वाले
काष्ठ की
दुर्गत देखो, रे!

ज्योति से छल करने वाले
अन्धकार की
दुर्गत देखो, रे!

ज्ञानी से छल करने वाले
अज्ञानी की
दुर्गत देखो, रे!

हे सदाशिव,
तेरे जंगम-लिंग से छल करने वाले
मेरे भवादि भव की
दुर्गत देखो, रे!

64

गाढ़े घी और पतले घी में
कैसा अन्तर?

दीपक और दीप्ति में
कैसा अन्तर?

लिंग और आत्मा में
कैसा अन्तर?

जब श्रीगुरु ने मंत्र-रूप कर
दिखलाया मेरी काया को,
साकार और निराकार में तब,
कैसा अन्तर?

मल्लिकार्जुन प्रभु में घुली हुई
मुझ बावरी को
छेड़ा करते हो,
क्यों?

65

संन्यासी होने से
क्या हुआ अभिप्राय?
किसी भी रूप में आए धन,
उसे लेना नहीं है

जिह्वा संन्यासी होने से
क्या हुआ अर्थ?
जिह्वा की छोर से नहीं लेना
मधुर स्वाद

स्त्री संन्यासी होने से
क्या हुआ अर्थ?
जागृति स्वप्न सुषुप्त सब अवस्था में
रहना है उसके संग से दूर

दिगम्बर रहने का
क्या हुआ अर्थ?
रहना चाहिए नंगा मन

इन चारों का मर्म जाने बिना
बेकार नष्ट हुए, देखो,
मल्लिकार्जुन!

66

कोई भी विद्या सीखने से क्या हुआ?
मृत्यु-विद्या पीछा करना नहीं छोड़ती

अन्न त्यागने से क्या हुआ?
दुःख भूलने से क्या हुआ?
प्राणायाम में साँस रोक रखने से
क्या हुआ?

मल्लिकार्जुन प्रभु,
पृथ्वी हो प्रहरी यदि
कहाँ जाएगा चोर?

67

साँस ही सुवासित हो तो
कुसुम का अनुग्रह कैसा?

क्षमा, इन्द्रिय-निग्रह, शान्ति-संयम हो तो
समाधि का अनुग्रह कैसा?

लोक ही बना अपना तो
एकान्त का अनुग्रह कैसा?

ओ मल्लिकार्जुन!

68

एक ही तन है, एक ही मन

तब और किस मन से ध्यान करूँ, देव?
किस मन से रहूँ संसार में तल्लीन?

हाय, हाय, हुआ अनर्थ
न लोक की हूँ, न परमार्थ की
दो गायों के बीच छोड़ दिए बछड़े-सी

बेल-पत्र और बेल-फल को
एक मान,
पकड़ा जाता है कैसे,
मल्लिकार्जुन?

69

मेरी माया के मद चूर करो, प्रभु
मेरी काया का अँधेरा दूर करो, प्रभु
मेरे जीव के झंझट दूर करो, प्रभु
मुझमें लिपटी लौकिकता के बल
दूर करो,
ओ मल्लिकार्जुन!

70

काली मिट्टी-सी पिघल-पिघल कर,
रेत की तरह ढह-ढह कर,
सपने में व्यथित हो,
हुई मैं चकित

आँवे की ज्वाला-सी
जली मैं,
संकट समय आई नहीं
कोई सखी

ढूँढने पर भी न मिलने वाला तन,
मिलन में भी न मिलने वाला मिलन-सुख
देने की कृपा करो,
ओ मल्लिकार्जुन!

71

मेरी काया प्रसाद है,
मेरा जीव प्रसाद है,
मेरा प्राण प्रसाद है,
मेरा मन प्रसाद है,
मेरा धन प्रसाद है,
मेरा भाव प्रसाद है,
मेरा भोजन प्रसाद है,
मेरा समभोग प्रसाद है

मल्लिकार्जुन प्रभु,
सब तुम्हारा प्रसाद है
जिसे ओढ़ती, बिछाती हूँ

72

तन माँगोगे तो
तन देकर होऊँगी शुद्ध

मन माँगोगे तो
मन देकर होऊँगी शुद्ध

धन माँगोगे तो
धन देकर होऊँगी शुद्ध

तुम जो भी माँगो,
यदि पीछे हटूँ
या देखूँ अगल-बगल,
काट देना मेरी नाक

फिरूँ यदि अपने वचन से,
ले लेना मेरा सिर,
ओ मल्लिकार्जुन!

73

अपनी गरज के लिए
दिन में डाला डाका,
न डकैती हुई सफल,
न हाथ लगा माल

बबूल पर चढ़े मर्कट-सी,
न फल खाया,
न बैठने को मिला ठाँव

मैंने नहीं किया
सर्वस्व का त्याग

तुमसे मिल कर भी मैं
हुई नहीं कुलनाशी,

ओ मल्लिकार्जुन!

74

अपने विनोद के लिए उसने रचा
समस्त जगत

अपने विनोद के लिए
डाल दी स्वयं उसमें
सारी लौकिकता

अपने विनोद के लिए
घुमा दिए स्वयं
सारे भवलोक

यों मेरा मल्लिकार्जुन
अपने जगत् विलास से संतृप्त हो
एक दिन
स्वयं ही तोड़ेगा
अपना माया-पाश!

75

पृथ्वी तत्व पृथ्वी में मिलने से पहले
जल तत्व जल में मिलने से पहले
तेज तत्व तेज में मिलने से पहले
वायु तत्व वायु में मिलने से पहले
आकाश तत्व आकाश में मिलने से पहले

पाँचों इंद्रियाँ बिखरने से पहले

तुम्हें बारम्बार मेरा प्रणाम,
ओ मल्लिकार्जुन!

76

सूर्य जैसा ज्ञान
किरण जैसी भक्ति

सूर्य बिना किरण नहीं
किरण बिना सूर्य नहीं

ज्ञान-रहित भक्ति
भक्ति-रहित ज्ञान कैसा,
मल्लिकार्जुन?

77

मोती बने पानी से
ओले बने पानी से
नमक बने पानी से

नमक घुले पानी में,
ओला पिघला पानी में

मोती पिघला हो पानी में
देखा नहीं किसी ने

तुम्हारा स्पर्श पा कर
तुम में मैं पूर्ण हुई,
ओ मल्लिकार्जुन!

78

हज़ार स्वर्ण मुद्राओं से इत्र ख़रीद कर
चूने में मिलाने जैसा किया तू ने

लाखों के मोल ख़रीदे रत्न को
नाले में फेंकने जैसा किया है तू ने

मल्लिकार्जुन प्रभु,
मुझे स्पर्श से पावन करके
फिर संसारी दुखियों के हाथ में
सौंप दिया तू ने!

79

अजर अमर अरूप सलोने पर
रीझ गई मैं माई

स्थान-विहीन, अन्त-हीन, संकेत-हीन पर
रीझ गई मैं माई

भव-हीन, भय-हीन, निर्भय सलोने पर
रीझ गई मैं माई

सीमातीत, निस्सीम पर
रीझ गई मैं माई

मल्लिकार्जुन पति पर
बलि-बलि गई मैं माई

80

सुअर और मदमत्त हाथी
सामना होने पर भिड़ें तो,

सुअर से डर कर मदमत्त हाथी
एक ओर हट जाए तो,

सुअर क्या
सिंह बन जाएगा,
मल्लिकार्जुन?

81

भैया, तुम उसके पीछे-पीछे
यहाँ तक चले आए

उसके उन्नत स्तनों से
छलकते यौवन से वशीभूत
तुम यहाँ तक चले आए

भैया,
न मैं स्त्री हूँ,
न वेश्या

जब तुम देखते हो मुझे टकटक,
समझ पाते हो कुछ?

सब मुख पराये हैं,
मेरे लिए,
एक मल्लिकार्जुन प्रभु के सिवा

82

मिले मुझे पाँच प्रकार के वस्त्र
बदल गए वे चार थन वाली गाय में

गाय की कोख से बछड़ा हुआ एक

दुह ली गई गाय
बिन बछड़े के मुँह लगे

ऐसा मीठा दूध

मिठास चढ़ गई सिर में
जब मैं चली गाय के पीछे

छूट गए सब उद्देश्य,
मिटा जन्म-मरण,
ओ मल्लिकार्जुन!

83

उफ़! इस जगत का खेला देखो
सबसे पहले बचपन का वेष
कहता, 'काका, ओ काका',
उसके बाद यौवन का वेष
घी-लगीं मूँछें मरोड़ता,
अन्त में बुढ़ापे का वेष

जैसे ही चुकती है तुम्हारी कृपा-दृष्टि,
रुक जाता है खेल जगत का,
मल्लिकार्जुन!

84

अमृत पीने वाले शिशु को
विषपान कराओगे क्या,
प्रभु?

शीतल छाया में बढ़ते पौधे को
अग्नि की बाड़ लगाओगे क्या,
प्रभु?

तुम्हारी करुणा के इस शिशु से
बधिक की बात कराओगे क्या,
प्रभु?

85

शून्य को लिंग कहूँ क्या?
चीर देने से
बचेगा कुछ नहीं

पहाड़ को लिंग कहूँ क्या?
चढ़कर खड़े होने से
बचेगा कुछ नहीं

पेड़-पौधों को लिंग कहूँ क्या?
पत्तों को काट देने से
बचेगा कुछ नहीं

लिंग-जंगम[1] के चरणों को ही
सबकुछ मानने वाले
संगनबसवन्ना की बात न मानने से ही
ऐसी दुर्गति हुई मेरी,
मल्लिकार्जुन!

---

1. वीरशैवों की सत्संग-सभा

86

छोड़ना चाहूँ, छूटती नहीं माया
न छोड़ूँ, तो पीछा करती है माया

योगी को योगिनी बनी माया,
श्रमण को श्रमणी बनी माया,
यती को ठगिनी बनी माया

तुम्हारी क़सम,
मैं नहीं डरने वाली
तुम्हारी माया से,
मल्लिकार्जुन!

87

धार पीछे, नदी आगे
रास्ता कहाँ है?
झील पीछे, जाल आगे
क्या है सुगम? बताओ तो

मारे डाल रही है,
सब ओर फैली तुम्हारी माया

बचाओ मुझे, बचाओ मुझे,
ओ मल्लिकार्जुन!

८८

पीड़ा में
औंधा हो गया है मन

ठंडी हवा
बन गई है ज्वाला,
तपने लगा है
पूर्णिमा का चाँद

अशांत मेरा मन,
जैसे नगर-द्वार पर
लुटेरा

माँ, उसे समझाओ,
लौटा लाओ उसे

रूठ गया है
मल्लिकार्जुन मुझसे,
क्यों हम दो हैं!

89

भागता रहता है हर पल मन
पेट की तरफ़,
देख नहीं पाती तुम्हारा मुख,
तोड़ नहीं पाती
तुम्हारा फैलाया मायाजाल

मल्लिकार्जुन प्रभु,
शरण दो मुझे
ओट दो मुझे

90

भैया, निस्संकोच तुम आ गए
उसकी मोहिनी काया देख कर

अकथ किसी काल्पनिक सुख के बहकावे में,
तुम आ गए,
उसकी स्त्री देह के पीछे-पीछे

बिना देखे कि यह एक नली है केवल,
जिससे गिरता है मूत्र,
तुम आ गए,
वासना से अंधे हुए

मन ही है
परमात्मा का स्रोत

बिना जाने ऐसा है क्यों,
बिना जाने

कि यही मन है
घोर पीड़ा का घर,
भैया, तुम आ गए उसके पीछे-पीछे

एक मल्लिकार्जुन को छोड़
सब पुरुष मेरे भाई हैं,
हट, दूर हट, मूर्ख!

91

जल के मंडप में, ज्वाला के छप्पर तले
ओलों की सेज पर, फूलों की माला से
ब्याह किया बिन-पाँवों वाली दुलहिन से
बेसिर के दूल्हे ने

जोड़ा मुझ को
पक्की गृहस्थी से

ब्याह रचाया
मल्लिकार्जुन ने मुझ से!

92

शील, शील कह रट लगाते हो भाई,
शील का स्वरूप जानो तो बताओ
वरना सुन लो—

काम है पहला भवी, क्रोध दूसरा भवी,
लोभ है तीसरा भवी, मोह चौथा भवी
मद है पाँचवाँ, द्वेष छठा भवी
लोभ सातवाँ भवी

इन सात भवियों को अपने में दे कर आश्रय,
लिंग-विहीन को भवी-भवी कहते हो!

अपने अन्तर के लिंगांग से अनजान,
उच्च-प्रसादी, नीच-प्रसादी, समय-प्रसादी कह,
लूटे हुए जल से
लिंग का अभिषेक करने वाले,
दिन-दिहाड़े के लुटेरों को,
चाहेगा क्या, मल्लिकार्जुन?

93

सूखे तालाब में बाढ़ आने जैसा,
सूखे पौधे पर पानी बरसने जैसा,
आज मुझे हुआ

भव का सुख, परलोक की सद्गति
दोनों साथ-साथ मिलने जैसा
आज मुझे हुआ

धन्य हुई आज मैं
गुरु चरण दर्शन से,
मल्लिकार्जुन प्रभु!

94

जो खिलाते हैं उसे, खाता नहीं है
जो देते हैं उससे, होता नहीं प्रसन्न

न सताता है, न माँगता, न कृपा करता है लिंग

जो खिलाया, उसे खा कर
जो दिया, उस पर प्रसन्न हो कर
जो वर माँगा, उसे देने वाले
जंगम-लिंग का चरण पकड़
हुई मैं धन्य, मल्लिकार्जुन!

95

आँखों का श्रृंगार है,
गुरुजनों को देखना

कानों का श्रृंगार है,
पुरातन लोगों का संगीत सुनना

वाणी का श्रृंगार है,
सत्य बोलना

संवाद का श्रृंगार है,
सद्भक्तों के मृदु वचन

हाथ का श्रृंगार है,
योग्यों को देना

जीवन का श्रृंगार है,
संतों का संग

इनके बिना जो जिए,
वह क्या जीवन है,
मल्लिकार्जुन?

96

पत्थर का सहारा लिया
तो संसार ने पत्थर तुड़वाया

पहाड़ का आसरा लिया
तो संसार ने पहाड़ तुड़वाया

कहीं भी जाऊँ,
संसार पड़ गया है
मेरे पीछे

ओ मल्लिकार्जुन,
क्या करूँ अब? क्या करूँ?

97

अंगारे के शव-सा,
डोर कटी पुतली-सा,
जल रहित तालाब-सा,
जली हुई रस्सी-सा

क्या लौटना सम्भव है
उसके लिए,
जिसने पा ली तुम में शरण,
ओ मल्लिकार्जुन?

98

ठूँठ पेड़ में
कीट के सहारा लेने जैसे,

स्वामी रहित आवास में
कुत्ते के प्रवेश देने जैसे,

राजा रहित देश में
सामंत आक्रमण करने लगें जैसे,

तुम्हारा ध्यान न करने वाली काया
भूत, प्रेत, पिशाचों के हवाले करने जैसे,
मल्लिकार्जुन!

99

उल्लू आँखों से न देख पा कर
देता है सूर्य को गाली

कौआ आँखों से न देख पा कर
देता है चाँद को गाली

अन्धा आँखों से न देख पा कर
देता है दर्पण को गाली

इनकी बातें सहज हैं

इस नारकीय संसार से घबरा कर,
यों कहने पर,
कि ईश्वर नहीं, मुक्ति नहीं,
झूठ है सब

छोड़ देगा क्या मल्लिकार्जुन उन्हें,
नरक में भेजे बिना?

100

मेरे मन का विश्वास
तुम पर

मेरे मन की आस्था
तुम पर

मेरे मन की घनिष्ठता
तुम से

मेरा मन हारेगा
तुम से

मेरा मन घबराएगा
तुम्हारे सम्मुख

मेरा मन दुखेगा
तुम्हारे सम्मुख

मेरी पाँचों इन्द्रियाँ
गर्म लोहा पिए जल की भाँति
समा जाएँगी तुममें,
मल्लिकार्जुन प्रभु!

101

सुन री सखी,
मैंने एक सपना देखा

पर्वत पर बैठे
एक भैरव को देखा

छोटी जटा,
मोती जैसे दाँतों वाला भैरव

आकर मेरा परिभोग किया, री!
आलिंगन में उसके
मैं चौंक गई, री!

मल्लिकार्जुन को पा,
आँखें झपकाती,
मैं धक रह गई, री!

102

धूल है मेरी काया,
आकाश है विस्तार
मेरी आत्मा का

किसे छीनूँ मैं प्रभु?
क्या और कैसे छीनूँ?

तुम्हें क्या और कैसे समझूँ?

मिटा दो मेरे भ्रम,
मल्लिकार्जुन प्रभु!

103

मैं नहीं कहती,
यह शिवलिंग है

मैं नहीं कहती,
प्रभु से कोई सम्बन्ध है इसका

मैं नहीं कहती,
यह विलीन होना है

मैं नहीं कहती,
बिछुड़ना है यह

मैं नहीं कहती,
हो चुका यह

न यह
कि यह होने वाला है

मैं नहीं कहती,
यह मैं हूँ,

न ही कहती हूँ,
यह तुम हो

बस यही कहती हूँ,
मल्लिकार्जुन प्रभु से
एकाकार हुए बिना,
कुछ नहीं,
कुछ भी नहीं

104

कहते हैं,
पहाड़ में कोई सत्व नहीं होता,
फिर वृक्ष कैसे वहाँ
लेते हैं जन्म?

कहते हैं,
कोयले में जल नहीं होता,
फिर कैसे उसमें
पिघल जाता है लोहा?

कहते हैं,
मेरे पास नहीं है काया,
फिर कैसे उसमें
तुम्हारा निवास है,
प्रभु?

105

रत्न की ज़ंजीर होने से,
बंधन नहीं है
क्या वह?

मोतियों का जाल होने से,
जाल नहीं है
क्या वह?

सोने की तलवार होने से,
काटती नहीं सिर
क्या वह?

भजन-भक्ति की खींच-तान में,
मिल जाएगी मुक्ति क्या
जीवन-मरण से,
मल्लिकार्जुन?

106

लोक में रह कर लोक जैसी रही,
आकार ग्रहण कर साकार सहित रही

बाहरी जगत में रमी रही,
भीतर से निर्लिप्त रही

जली हुई रस्सी में
रही जैसे ऐंठन

मल्लिकार्जुन प्रभु,
जल में रही मैं
जैसे कमल

107

बिना संग
होती नहीं उत्पन्न अग्नि

बिना संग
होता नहीं बीज अंकुरित

बिना संग
खिलता नहीं फूल

बिना संग
मिलता नहीं सर्व सुख

मल्लिकार्जुन प्रभु,
तुम्हारे शरणों के संग से
बनी मैं परम सुखी

108

मुरझाए हुए फूल में
मिल सकती है क्या सुगंध?

नन्हें शिशु में
दिख सकता है कोई दोष?

ठंडी छाया में हो यदि द्रोह
देखे जा सकते हैं क्या वहाँ सद्गुण?

जले हुए घाव पर
कोई छिड़केगा क्या नमक?

सुनो श्री शैल पर्वत,
घाट उतरने के बाद
केवट का क्या काम?

109

दूध में मिला घी
क्या अलग हो सकता है?

सूर्य की अग्नि को क्या
कोई प्रत्यक्ष कर सकता है?

मल्लिकार्जुन प्रभु,
ऐसे समाये तुम मुझ में,
यह भेद रहित रीत देख,
आँखें खुलीं मेरी!

110

एक बार मैदान में जा कर
योद्धा पीछे नहीं हटता

भक्त के लिए भी
वापसी नहीं कोई

मन का स्वामी
आनन्दित होगा मन से

कुछ ही जन चढ़ पाते हैं पर्वत

एक बार चढ़ने के बाद उतरना
व्रत तोड़ना है

मैदान में आ कर
तुम भूल जाते हो यदि अपने शस्त्र,
शत्रु मार डालेगा छेद कर तुम्हें,
मल्लिकार्जुन!

111

तुम देखना चाहते हो आँखों से,
फिर भी जाते हो अँधेरे में,
ऐसा कैसे होगा?

तुम पहुँचना चाहते हो पर्वत-शिखर पर,
मगर गिरते फिरते हो
खड्डों, खाइयों में,
ऐसा कैसे होगा?

तुम्हारी भिक्षा से असंतुष्ट,
मैं चाहती हूँ
और भी बहुत कुछ,
ऐसा कैसे होगा?

तुम जानना चाहते हो
मल्लिकार्जुन की महिमा,
फिर भी बने रहते हो क्षुद्र मन,
ऐसा कैसे होगा?

112

ज्ञान सूर्य की भाँति है,
भक्ति किरण की भाँति

किरण बिना सूर्य नहीं,
सूर्य बिना किरण नहीं

कैसे सम्भव है,
ज्ञान बिना भक्ति,
भक्ति बिना ज्ञान,
ओ मल्लिकार्जुन?

113

बस एक बार दिखा दो वे जन
जिनके शुद्ध हों काया, मन, अन्तःकरण

बस एक बार दिखा दो
जिनके सब कर्म सत्य से संचालित हों,
वाणी में हों आशीर्वचन

बस एक बार दिखा दो अपने भक्त,
जो कुचल कर अंधकार
हुए हों प्रकाशमान,
जिनका भीतर और बाहर
सब एक जैसा हो,
मल्लिकार्जुन!

114

जब मेरा जन्म हुआ, पैदा हुआ संसार

जब संसार हुआ पैदा, जन्म हुआ अज्ञान का

जब अज्ञान हुआ पैदा, जन्म हुआ तृष्णा का

जब तृष्णा हुई पैदा, जन्म हुआ क्रोध का

क्रोधाग्नि के धुएँ से अंधी
मैं भूल गई तुम्हें,
ग्रास बन गई संसार के दुखों का

दूर करो, प्रभु,
मेरी विस्मृति,
शरण दो मुझे
अपने चरणों में

115

वह बार-बार तुम्हें भेजता है
जन्म लेने को,

देता है तुम्हें असह कष्ट,
खिलाता है तुम्हें अभक्ष्य,

जकड़ देता है तुम्हें तुम्हारे भाग्य से

क्या वह छोड़ देगा तुम्हें,
जो तुम कहो,
तुम उसके
अपने हो?

उसने उधेड़ दी थी खाल
भृंगी[1] की,
क्या वह छोड़ देगा तुम्हें?

---

1. शिव के सेवक अंधक का कंकाल

बड़ा दुष्ट है,
मल्लिकार्जुन,
तुम भी उसे छोड़ना मत!

116

जैसे सूर्य बीज है
जगत् की गति का,

मन बीज है
इंद्रियों की गति का

मेरा बस एक ही मन है

यदि वह लय हो जाए तुममें,
फिर मुझे क्या दुःख,
ओ मल्लिकार्जुन?

117

नरक यहाँ—इस ओर
पवित्र चरण उधर—दूर

दस दिशाएँ यहाँ—इस ओर
दस हाथ उधर—दूर

फैलता ब्रह्मांड यहाँ—इस ओर
रत्नजड़ित मुकुट उधर—दूर

मल्लिकार्जुन प्रभु,
अच्छे सजे हो तुम
मेरी हथेली पर!

118

मक्खी पर लपकता है
सांप के मुँह में बैठा मेंढक,
थमती नहीं कभी भोजन की तलाश

देखो यह झूठ
कि देह ने किया है समर्पण,
यह लज्जा
कि मैं हूँ भक्तिन

देखो यह घिनौना दर्प
कि मैं हूँ तुमसे संयुक्त

तुम्हारे लिए अब और नहीं नैवेद्य,
न अर्पण,
मल्लिकार्जुन,
जब तक हम दो
हो नहीं जाते एक

119

विश्वास मत करना उसका,
उसकी फुसलाती बातों का

बड़ा ठग है वह,
जगत् का नियंता

तुम्हें मुक्ति दिखा कर,
भक्ति भुलवाएगा,
मल्लिकार्जुन!

120

जैसे प्रतिमा सुनती है,
मोम के तोते की रटन

जो कह रहा है,
उसमें जीवन नहीं

जो सुन रहा है,
उसमें ज्ञान नहीं

अज्ञानी की भक्ति
तुम्हारे लिए वैसी ही,
जैसे मोम के तोते की रटन सुनती प्रतिमा,
ओ मल्लिकार्जुन!

121

जैसे वृक्ष रगड़ते हों एक दूसरे को,
और उनकी चिंगारियों से हो जाएँ भस्म,
आसपास के वृक्ष

मन रगड़ते हों एक दूसरे को,
और उत्पन्न हो जाए उनमें ज्ञान,
भस्म कर दे वह काया के अवगुण

दिखाओ मुझे
ज्ञानियों का ज्ञान,
करो मेरी रक्षा,
ओ मल्लिकार्जुन!

122

जब तक खोलेगा धनी
अपने धान का ओसारा,
उड़ चुके होंगे
निर्धन के प्राण

तुम भी क्या तब तक
लेते रहोगे मेरी परीक्षा,
यही है मेरा भाग्य?

जब तक घाव नहीं सूखता,
ऐसे है यह
जैसे भैंस उड़ जाए आँधी में

मुझे कब दिखाओगे
अपनी करुणा,
ओ मल्लिकार्जुन?

123

यदि तुम धान की जगह
बोवो भूसा,
भले सींच लो अमृत से,
आ जाएगा क्या उसमें दाना?

ज्ञान के बिना
भले कितना भी कर लो
नियम पालन,
पा लोगे सुख क्या,
तृष्णा मुक्त हो कर?

महकती गंध
हो जाएगी क्या
एक जगह स्थिर?

जो नहीं समझते मेरे प्रभु
मल्लिकार्जुन को,

उन्हें अनुमान नहीं
व्रत और नियम का

124

बार-बार वेद पढ़ कर
हुई व्यर्थ बहस

बार-बार शास्त्र सुन कर
हुआ और भी मतिभ्रम

जानती हूँ, सब जानती हूँ, कहते ही
शास्त्र हुए पाषाण-से कठोर

जान लीं, सब जान लीं प्राचीन विद्याएँ,
कहते ही
भूल गई रास्ता जंगल में

मैं कहाँ हूँ? वह कहाँ है?

परमात्मा है विराट अन्तरिक्ष,
मल्लिकार्जुन!

125

जली हुई राख में,
मैंने देखी राख,
जो भस्म नहीं हुई थी

कौन जानता है उसका रहस्य,
जिसने बना दिया
अनजली राख से पर्वत?

उसे जान कर,
उसमें शरण लेकर,
रक्षा हुई मेरी

उसके पर्वत शिखर पर
देखती कई वस्तुएँ,
चलती जाती हूँ मैं,
मल्लिकार्जुन!

हिन्दी-अंग्रेज़ी स्रोत

अक्का महादेवी के अध्ययन में मैंने निम्न हिन्दी-अंग्रेज़ी स्रोतों का आश्रय लिया है—

1. Speaking of Siva, Translations by A.K.Ramanujan, Penguin, 1973
2. Songs for Siva, Translations by Vinay Chaitanya, Harper Perennial, 2017
3. Sky clad - The extraordinary life and Times of Akka Mahadevi, by Mukunda Rao, Westland Books, 2018
4. I keep vigil for Rudra, Translations by H.S.Shivaprakash, Penguin Classics, 2010
5. वचन, सम्पादक—प्रो. भालचन्द्र जयशेट्टी, कर्नाटक साहित्य अकादमी, 1998
6. वचन, सम्पादक—एम एम कलबुर्गी, बसव समिति, बंगलूर, 2012
7. भैरवी, अनुवाद—यतीन्द्र मिश्र, वाणी प्रकाशन, 2012